Anja Schümann

Beste Freunde A1.2

DEUTSCH FÜR JUGENDLICHE

Deutsch als Fremdsprache

Mein Grammatikheft

Hueber Verlag

6. 5. 4. | Die letzten Ziffern
2028 27 26 25 24 | bezeichnen Zahl und Jahr des Druckes.
Alle Drucke dieser Auflage können, da unverändert, nebeneinander benutzt werden.

1. Auflage

Umschlaggestaltung: Sieveking Agentur, München
Layout und Satz: Sieveking Agentur, München
Verlagsredaktion: Julia Guess, Hueber Verlag, München; Sabine Franke, Leipzig
Druck und Bindung: Passavia Druckservice GmbH & Co. KG, Passau
Printed in Germany
ISBN 978-3-19-591051-4

Art. 530_25910_001_04

Inhalt

Lektionen 10–12

Verben im Präsens: *sammeln, basteln, treffen, geben, lesen, fernsehen, fahren, laufen, tanzen* 4
Imperativ in der *du*-Form 7
Syntax: Imperativsatz 7
Präpositionen: *in* + Akkusativ (Ort), *zu* + Dativ (Weg, Ziel) 9
Präposition: *mit* + Dativ 11
Personalpronomen im Akkusativ und Dativ 13
Syntax: Sätze mit Personalpronomen im Akkusativ und Dativ 15
Präteritum: *sein, haben* 17
Konjunktion: *deshalb* 18

Lektionen 13–15

Präposition: *zu* + Dativ (Person) 19
Präpositionen: *nach, in* + Akkusativ (Stadt, Land) 20
Adjektiv: *nächst-* 21
Possessivartikel: *Ihr/Ihre* im Nominativ 22
Verb: *gefallen* + Dativ 23
Syntax: Subjekt und Verb im Aussagesatz 23
Präposition: *für* + Akkusativ 25
es gibt + Akkusativ 26
Indefinitpronomen: *man* 26
Präpositionen: *in, an, auf* + Dativ 27
Verben: Perfekt mit *haben* 29
Partizip Perfekt mit -*(e)t* 29
Syntax: Sätze mit Perfekt 29

Lektionen 16–18

Präpositionen: *vor, nach* + Dativ 34
Präposition: *in* + Dativ/Akkusativ 36
Artikel: *jed-* 37
Verben: Partizip Perfekt mit *–en* bei unregelmäßigen Verben 38
Verben: Perfekt mit *haben* oder *sein* 39
Verben im Perfekt: *sein, bleiben, passieren* 41
Präpositionen auf die Fragen *Wo?* und *Wohin?* (*an, in, auf, nach* + Dativ/Akkusativ) 42
Präposition: *im* + Monate/Jahreszeiten 44
Modalverb: *wollen* 45
Frageartikel: *welch-* 46
Ordinalzahlen (Datum) 47
Präposition: *bei* + Dativ (Person) 48

Piktogramme und Symbole

- Erklärung zur Grammatik
- Portfolio-Aufgaben zum freien Üben

Lektionen 10–12

Verben im Präsens: *sammeln, basteln, treffen, geben, lesen, fernsehen, fahren, laufen, tanzen*

	sammeln	treffen	lesen	fahren	laufen
ich	sammle	treffe	lese	fahre	laufe
du	sammelst	triffst	liest	fährst	läufst
er/es/sie	sammelt	trifft	liest	fährt	läuft
wir	sammeln	treffen	lesen	fahren	laufen
ihr	sammelt	trefft	lest	fahrt	lauft
sie/Sie	sammeln	treffen	lesen	fahren	laufen
	auch so: basteln	*auch so:* geben	*auch so:* fernsehen		

ich samm-~~e~~-le
ich bast-~~e~~-le

du tanz-~~s~~-t
du heiß-~~s~~-t

1 **Was passt zusammen? Verbinde.**

wir – basteln
ich
du
meine Schwester
du

trifft
siehst fern
sammle
basteln
läufst

es – gibt
Sie
ihr
er
ich

skypen
fährt
gibt
lese
trefft

2a Finde noch acht Verbformen.

F	B	P	Ä	T	R	I	F	F	S	T
K	A	O	N	A	L	O	G	U	W	A
L	S	S	A	N	Ä	A	P	Y	M	N
W	T	N	N	Z	U	S	V	I	S	Z
O	L	E	S	E	F	Ä	H	R	S	T
E	E	W	Ö	I	S	A	M	M	L	E
S	K	Y	P	E	T	Q	A	Ä	L	J

b Wo passen die Verben aus 2a? Ergänze.

Hey Simon, ich bastle (0) heute ein Modellflugzeug. Möchtest du mitmachen?

Tut mir leid, Nico, ich habe keine Lust. ☹
Ich .... (1) jetzt Fan-Artikel. Das ist super!

Schade. Wann .... (2) du Anna?

Vielleicht morgen.

Anna sagt, du .... (3) auch Salsa. Stimmt das?

Na ja, nein, ich .... (4) nur manchmal, aber nicht so gut wie Anna.

Und was machst du heute? .... (5) du Skateboard oder .... (6) du im Park?

Nein. Ich .... (7) ein bisschen mit Elsa und dann .... (8) ich den Text für Englisch.

3 Ergänze die Verben in der richtigen Form.

treffen – lesen – laufen – fernsehen – sammeln – fahren – ~~basteln~~ – tanzen

0. Ich bastle Modellschiffe. Vera bastelt Handy-Anhänger.
1. Ich .... gern Krimis. Vera .... Comics.
2. Ich .... Skateboard. Vera .... Fahrrad.
3. Ich .... Hip-Hop. Vera .... Salsa.
4. Ich .... Fan-Artikel. Vera .... Ohrringe.
5. Ich .... meine Familie. Vera .... ihre Freunde.
6. Ich .... 20 Minuten im Park. Vera .... eine Stunde.
7. Ich .... gern .... Vera .... nicht gern ....

Aber das macht nichts. Ich finde sie toll! ❤

4 Ergänze die Verben in der richtigen Form.

+++ streetlife/blog +++

Hi! Ich bin Sally und das ist meine Freundin Ramona (= Rami). Wir wohnen (0. NENWOH) in Köln. Rami .... (1. RENFAH) Skateboard, ... (2. FENLAU) Marathon und .... (3. SENLE) gern, ich .... (4. TERNKLET) lieber. Manchmal .... (5. FENTREF) Rami Freunde und dann .... (6. ZENTAN) sie zusammen Swing im Park. Ich .... (7. GENSIN) lieber: Pop und Hip-Hop. Am Wochenende chillen wir am Rondellplatz und am Abend .... wir auch manchmal zusammen .... (8. HENSEHFERN). Und ihr? Wo .... (9. NIES) ihr? Was .... (10. ENMACH) ihr?

5 Und du? Was machst du gern? Schreib drei Sätze.

....

....

....

6a Ordne die Sätze.

Von: elsabrem@mail.de An: stern1900@fsc.de
Betreff: Mädchenfußball

...... Kann ich in der Mädchenmannschaft FSC Stern 1900 mitmachen?
...... Elsa
...... Nun meine Frage:
3 Ich wohne in Berlin und mein Hobby ist Fußball.
...... Hallo,
...... Viele Grüße und bis bald
...... Vielleicht habe ich Glück und die Mannschaft braucht noch Spielerinnen.
...... ich heiße Elsa und bin 12.

b Schreib die E-Mail richtig.

....

....

....

....

Imperativ in der *du*-Form

~~du~~ mach-~~st~~ → mach!

~~du~~ finde-~~st~~ → finde!

mit|bringen → bring mit!

Infinitiv	*Imperativ in der du-Form*		
machen	mach!		
finden	finde!		
treffen	triff!		*auch so:* geben, sprechen
essen	iss!	(!)	
lesen	lies!	(!)	
laufen	lauf!	(!)	*auch so:* fahren, schlafen
sammeln	sammle!	(!)	*auch so:* basteln
sein	sei!	(!)	

Syntax: Imperativsatz

Position 1			*Ende*
Schreib	eine E-Mail!		
Steh	jetzt	bitte	auf!

Nach dem Verb im Imperativ steht oft *doch*, *mal* oder *bitte*. So klingt der Satz freundlicher: *Lies bitte die Sätze!*

7 **Lies die Imperativsätze und schreib sie in das Schema.**

0. Sieh bitte nicht so viel fern.
1. Iss nicht immer Popcorn.
2. Bring doch mal deine Freundin mit!
3. Lies mal die E-Mail.

	Position 1		*Ende*
0.	*Sieh*	*bitte nicht so viel*	*fern.*
1.			
2.			
3.			

8 Schreib Imperativsätze.

0. die Zeitung — mal — Lies — ! *Lies mal die Zeitung!*
1. eine Skizze — Zeichne — bitte — ! ....
2. auf — dein Zimmer — bitte — Räum — ! ....
3. Iss — eine Banane — doch — ! ....
4. um neun Uhr — bitte — hier — Sei — ! ....

9a Verbinde die Silben und finde noch sieben Verben.

SAM TREF SPRE SPIE AUF LE ES TAN

LEN CHEN FEN STEHEN MELN ZEN SEN SEN

0. *sprechen* 2. .... 4. .... 6. ....

1. .... 3. .... 5. .... 7. ....

b Was sagt die Mutter? Ergänze die Verben aus 9a in der richtigen Form.

0. Immer *sprichst* du Deutsch. *Sprich* doch auch mal Englisch!
1. Immer .... du Fan-Artikel.
   .... doch auch mal Handy-Anhänger!
2. Immer .... du Comics. .... doch auch mal Bücher!
3. Immer .... du Pommes. .... doch auch mal Salat!
4. Immer .... du um acht ....
   .... doch auch mal um sieben ....!
5. Immer .... du Fußball. .... doch auch mal Tennis!
6. Immer .... du Anna. .... doch auch mal Sylvie oder Paula!
7. Immer .... du Hip Hop. .... doch auch mal Salsa!

10 Und du? Was sagen deine Eltern? Schreib Sätze im Imperativ mit *bitte*.

2. ....
....

1. *steh bitte* ....
....

3. ....
....
....

Präpositionen: *in* + Akkusativ (Ort), *zu* + Dativ (Weg, Ziel)

in das = ins
zu dem = zum

Wohin?		
in + *Akkusativ*	zu + *Dativ*	
Ich gehe in den Supermarkt. ins Kino. in die Bibliothek.	Ich gehe zum Marienplatz. zum Training. zur Bus-Haltestelle.	(= zu dem) Marienplatz (= zu dem) Training (= zu der) Bus-Haltestelle

11 **Wohin gehen wir? Ergänze die Antworten. Achte auf die richtige Form von *in* und *zu*.**

in + Akkusativ
~~Café~~ ✶ Sporthalle ✶ Kino ✶ ~~Supermarkt~~ ✶ Kaufhaus ✶ Schwimmbad ✶ Park ✶ Bibliothek

zu + Dativ
Training ✶ Bahnhof ✶ Bus-Haltestelle ✶ Marienplatz

Wir gehen …

in den Supermarkt, ……………………………………

ins Café, ……………………………………

in ……………………………………

12a Wo kann man das machen? Ordne zu.

~~schwimmen~~ × einen Film schauen × Volleyball spielen × Computerspiele kaufen × Bücher lesen × Freunde treffen und Fußball spielen × eine Limonade trinken × Cola und Chips kaufen × Karate trainieren

Olympiabad

schwimmen

Kaufhaus „PC Welt“

....

Stadtbibliothek

....

Westpark

....

....

Eiscafé Venezia

....

....

Supermarkt „Remer“

....

....

Kino „Monopol“

....

....

Karateklub

....

....

Sporthalle

....

....

b Pierre aus Paris ist für drei Monate in Annas Klasse. Wohin kann er in München gehen? Gib Pierre Tipps aus 12a mit *in*.

0. *Geh doch ins Olympiabad. Da kannst du schwimmen.*
1. ....
2. ....
3. ....

....

4. ....
5. ....
6. ....
7. ....
8. ....

13 **Wohin fährt Leo? Lies den Text, ergänze *zur* oder *zum* und verbinde die Orte.**

Leo: „Heute Vormittag fahre ich *zum* Supermarkt (0). Ich muss Käse und Milch einkaufen. Dann fahre ich .... (1) Bahnhof, dort treffe ich eine Freundin. Um vier fahre ich .... (2) Training. Wir spielen am Montag immer Fußball. Und dann treffe ich Basti und wir fahren .... (3) Bus-Haltestelle."

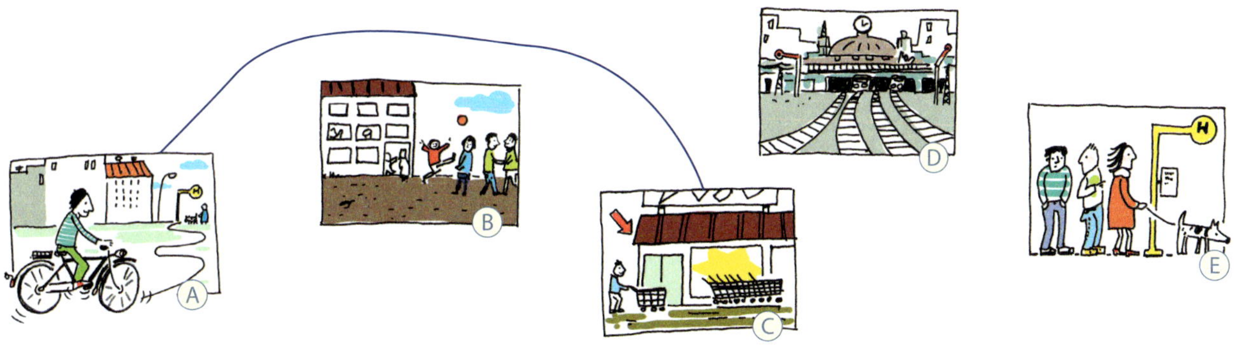

14 **Und du? Wohin gehst oder fährst du? Was machst du da? Schreib Sätze.**

Heute Morgen ....

Heute Nachmittag ....

Heute Abend ....

Morgen ....

Präposition: *mit* + Dativ

Wie? mit + *Dativ*
Ich fahre mit dem Bus. mit dem Fahrrad. mit der U-Bahn.

Wie fährst du?

Mit dem Bus.

15a Was ist das? Schau die Fotos an und ergänze die Verkehrsmittel mit Artikel.

TAOU • U-BNHA • SUB • RHAFDAR • ~~NTRHSAßBAEN~~ • GZU

0. die Straßenbahn

1. ....

2. ....

3. ....

4. ....

5. ....

b Antworte mit den Wörtern aus 15a.

0. Meistens fahre ich mit der Straßenbahn.
1. Manchmal ....
2. Oft ....
3. Am Nachmittag ....
4. Am Montag ....
5. Heute fährt meine Mutter ....

16 Und du? Lies die Informationen und schreib einen Text über Ronja: Wohin geht oder fährt sie gern und wie? Was macht sie dort?

Name:	Ronja Bachmann
Hobbys:	schwimmen, Filme schauen, Fussball spielen
Das liebe ich:	mein Fahrrad, Musik
Das mag ich nicht:	Schule, Stress, Autos
Da bin ich gern:	Schwimmbad, Kino, Park

Das ist Ronja. Sie fährt gern mit ....

....

Am Wochenende geht sie gern ....

....

....

Personalpronomen im Akkusativ und Dativ

Du bist echt nett. Ich mag dich. Gibst du mir vielleicht deine Handynummer?

Hm …
Ich weiß nicht.

Natürlich gebe ich dir meine Nummer, aber noch nicht jetzt.

Hanna sieht Nico.	Nico sieht Hanna.
Sie sieht ihn.	Er sieht sie.

Nominativ	ich	du	er	es	sie	wir	ihr	sie/Sie
Akkusativ	mich	dich	ihn	es	sie	uns	euch	sie/Sie
Dativ	mir	dir						

(!) Verben + Dativ + Akkusativ: geben, kaufen, mitbringen, schicken, schreiben, zeigen

(!) Verben + Akkusativ: lieben, mögen, finden, kennen, brauchen, treffen, sammeln, sehen

17 Was passt zusammen? Verbinde.

wir · du · sie/Sie · sie · er · ich · ihr · es

uns · euch · mich · dich · es · sie · ihn · sie/Sie

dir · mir

18 Personalpronomen im Dativ: Was ist falsch? Streiche durch.

1. Hallo Hanna! Wie geht's ~~mir~~ / dir? Zeigst du mir / dir heute deine Gitarre?
   Klar! Ich bringe mir / dir die Gitarre heute mit.

2. Ich habe kein Geld mehr ☹. Kannst du mir / dir vielleicht fünf Euro geben?
   Tut mir leid. Ich kann mir / dir nichts geben. Ich habe auch kein Geld.

3. Ich muss für Leas Party einen Salat machen. Kannst du mir / dir etwas mitbringen?
   Kein Problem. Was brauchst du? Schreib mir / dir schnell. Ich bin gerade im Supermarkt!

4. Mama, kaufst du mir / dir die Ohrringe? Sie sind so cool!
   Laura, wir geben mir / dir doch Taschengeld!

19 Personalpronomen im Akkusativ: Was passt zusammen? Verbinde und unterstreiche.

0. Mara, <u>du</u> bist meine beste Freundin. — c
1. Anton und Ida, <u>ihr</u> lacht so viel.
2. <u>Emil und ich</u>, wir sind oft bei Oma.
3. <u>Ich</u> mag Anna.
4. <u>Kilian</u> wohnt in meiner Straße.
5. <u>Frau Schott, Sie</u> sind die beste Lehrerin!

a. Ich denke, sie findet mich auch nett.
b. Sie liebt uns sehr.
c. Ich brauche <u>dich</u> sehr.
d. Ich mag Sie sehr.
e. Ich finde euch echt toll!
f. Ich kenne ihn schon lange.

20 Wen oder was mag Belinda? Ergänze das Personalpronomen im Akkusativ.

Mag Belinda …

0. ■ … ihre Geschwister? ● Ja, sie liebt sie sehr.
1. ■ … ihren Vater? ● Ja, sie mag .... sehr.
2. ■ … ihre Sportlehrerin? ● Nein, sie findet .... blöd.
3. ■ … ihr Fahrrad? ● Ja, sie liebt ....!
4. ■ … ihre Freundin Maja? ● Ja, sie mag .... sehr.
5. ■ … ihr Handy? ● Ja, sie findet .... toll.
6. ■ … ihren Onkel? ● Nein, nicht so, sie findet .... langweilig.
7. ■ … ihre Ohrringe? ● Ja klar, Belinda sammelt ....

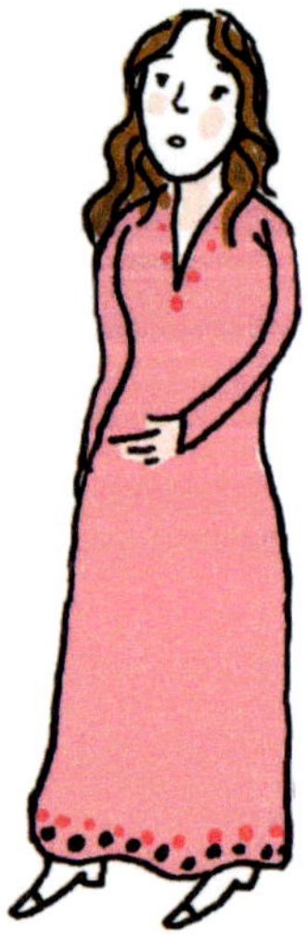

21 Ergänze das passende Personalpronomen im Akkusativ.

▲ Hallo Miriam, hier ist Nico! Wie geht's? Wir haben gleich Englisch bei Frau Kramer. Kennst du *sie* (0)? Sie ist echt nett.

◆ Nein, ich kenne .... (1) nicht. Aber kennst du vielleicht Herrn Peters, meinen Physiklehrer? Ich finde .... (2) echt blöd!

▲ Ja, ich weiß. Ich mag .... (3) auch nicht besonders. Du, kann ich heute vielleicht mal dein Fahrrad haben? Ich brauche .... (4) um drei.

◆ Klar, du kannst .... (5) haben, kein Problem. Kommt Max heute auch? Ich mag .... (6), er ist echt süß!

▲ Na super! Max! Alle Mädchen finden .... (7) toll. Warum nur?! Nein, ich sehe .... (8) heute nicht.

◆ Schade! Hey Nico! Wo bist du? Kannst du .... (9) sehen? … Ah, da bist du ja! Jetzt sehe ich .... (10). Halloooooo! Hiiieeeer!

22 Was passt? Ergänze das Personalpronomen im Dativ oder im Akkusativ.

27.05. 16:55 **fancyboy**	Hallo, ihr kennt *mich* (0) nicht? Ich bin Timmy und sammle alles von Borussia Dortmund. Wer hat Fan-Artikel und braucht .... (1) nicht? Ich möchte .... (2) am liebsten ein Trikot kaufen. Aber ich habe nicht viel Taschengeld. ☹
27.05. 18:39 **freeclimber**	Hi Timmy! Ich kann .... (3) ein Lineal von Borussia geben. Ich mag .... (4) nicht, ich bin Bayern-Fan! ☺ Ich kann .... (5) auch einen Fan-Bleistift schicken. Schickst du .... (6) deine Adresse? ronbader77@gmx.net

(!) Syntax: Sätze mit Personalpronomen im Akkusativ und Dativ

Aussagesatz	Ich	kaufe	dir	ein Eis.
W-Frage	Wer	kennt		sie?
	Wie	findest	du	ihn?
Ja/Nein-Frage	Gibst	du	mir	den Comic?

23 Lies die Sätze und schreib sie in das Schema.

0. Ich zeige dir meine Fotos.

2. Wann zeigst du mir deine Fotos?

1. Ich kann dir die Fotos zeigen.

3. Zeigst du mir deine Fotos?

				Dativ	Akkusativ	
Aussagesatz	Ich	zeige		dir	meine Fotos.	
Aussagesatz						
W-Frage						
Ja-/Nein-Frage						

24 Schreib die Sätze richtig.

0. Schau mal, da: Cola! — Kaufst du mir eine Cola? (mir – du – Kaufst – eine Cola – ?)
1. Im August sind wir in Griechenland! — .... (euch – Ich – ein Foto – schicke – .)
2. Ich möchte Gitarre spielen. — .... (kaufst – eine Gitarre – du – Wann – mir – ?)
3. Schau mal, das sind Annas Freunde. — .... (dir – die Fotos – zeige – Ich – .)
4. Mama kommt um vier. — .... (dir – bringt – ein Eis – Sie – mit – .)

25 Was sagst du zu deinem Vater? Schreib Fragen mit *mitbringen*, *geben*, *kaufen* und *zeigen*.

Papa, bringst du mir ....

....

....

....

Präteritum: *sein, haben*

Ja, wirklich! Ich hatte einen Unfall mit dem Fahrrad. Aber es ist alles okay. Wir hatten Glück! Jonas war total nett. Er hatte sein Handy dabei und dann …

	sein	haben
ich	war (!)	hatte
du	warst	hattest
er/es/sie	war (!)	hatte (!)
wir	waren	hatten
ihr	wart	hattet
sie/Sie	waren	hatten

26 **Was sagt Nico? Unterstreiche die Verbformen und schreib im Präteritum.**

Was war los?

Ich bin beim Training. Das Spiel ist super. Aber dann habe ich leider einen Unfall. Ich habe solche Schmerzen. Das ist Pech.

Ich war ……………………………………………

……………………………………………

……………………………………………

……………………………………………

27 **Ergänze die richtigen Formen von *haben* und *sein* im Präteritum.**

- ■ Hallo Patrick! Wo warst (0) du gestern? …………… (1) du keine Lust?
- ● Doch, aber wir …………… (2) in Augsburg.
- ■ Schade, die Party bei Marco …………… (3) echt toll. Wir …………… (4) Glück: Marcos Eltern …………… (5) nicht da!
- ● Und wie …………… (6) die Musik?
- ■ Super! Sabrina …………… (7) eine tolle Playlist!
- ● …………… (8) Lisa und Anna auch da?
- ■ Nein, leider nicht. Sie …………… (9) keine Zeit. Total blöd!

28 **Und du? Schreib eine E-Mail an eine Freundin / einen Freund. Berichte von einer Party. Wo warst du? Wie war die Musik? Wie war das Essen? Wer war da?**

Von: …………… An: ……………

Hallo ……………!

……………………………………………

……………………………………………

……………………………………………

……………………………………………

Viele Grüße ……………

Konjunktion: *deshalb*

	Position 1	Position 2		
Nico hatte einen Unfall,	deshalb	bleibt	er	zu Hause.

29 Lies die Sätze und schreib sie in das Schema.

	Position 1	Position 2			
Ich liebe Musik,					
Ich übe viel,					

30a Was passt zusammen? Verbinde.

1. Mein Hals tut weh.
2. Meine Beine tun weh.
3. Ich habe Zahnschmerzen.
4. Meine Hand tut weh.
5. Ich habe Kopfschmerzen.

a) Ich kann nicht denken.
b) Ich esse nichts.
c) Ich gehe nicht zum Fußball-Training.
d) Ich kann nicht singen.
e) Ich kann nicht Gitarre üben.

b Verbinde die Satzpaare aus 30a mit *deshalb*.

1. Mein Hals tut weh, deshalb ……
2. ……
3. ……
4. ……
5. ……

Lektionen 13–15

Präposition: *zu* + Dativ (Person)

Zu wem? zu + *Dativ (Person)*
zu meinem Freund
zu meiner Freundin
zu meinen Freunden
zu Nina

1 Zu wem fahren die Freunde? Verbinde und ergänze die Sätze, wo nötig.

0. Anna fährt …
1. Linus fährt …
2. Alina fährt …
3. Jan fährt …
4. Nick fährt …
5. Moritz fährt …

a) … zu .... Max.
b) … zu ihr........ Freunden.
c) … zu sein........ Cousine.
d) … zu sein........ Oma.
e) … zu ihr*em* Onkel.
f) … zu sein........ Großeltern.

2 Und du? Zu wem fährst/gehst du am Wochenende gern (☺) oder nicht so gern (☹)?

☺ *Ich fahre gern* ....

☹ ....

Präpositionen: *nach*, *in* + Akkusativ (Stadt, Land)

Ab morgen sind Sommerferien. Wohin fahrt ihr?

Ich fliege nach Spanien.

Meine Freundin und ich fahren in die Türkei, nach Antalya.

Wohin?
nach Athen
nach Spanien
(!) in die Schweiz
in die Türkei
in die USA

3a **Finde noch fünf Länder und vier Städte.**

ABCFRANKREICHETEHERAPEWTÜRKEIROUEMISTANBULISOÖST

IFITALIENBRÜWYBBERLINESTLÜSIXWOSPANIENOCSCHISAGESCHWEIZÖP

OLWÄMPARISHIUÖSTERREICHEMYLAUMEXLIPÜWMADRIDELLA

0. Frankreich
1. ....
2. ....
3. ....
4. ....
5. ....
6. ....
7. ....
8. ....
9. ....

b **Wohin fahren/fliegen die Leute? Ergänze die Städte und Länder aus 3a und unterstreiche.**

0. Frau Beauchamp fährt mit dem Bus nach / in die Frankreich.
1. Ayla und ihre Familie fliegen morgen nach / in die ....
2. Aylas Oma fährt lieber mit dem Zug nach / in die ....
3. Familie Meindl fährt nächstes Jahr nach / in die ....
4. Herr und Frau Reimann fahren heute nach / in die ....
5. Sylvia fliegt im Sommer sehr gern nach / in die ....
6. Nächste Woche fliegt Niklas nach / in die ....
7. Ahmed und Fatima fahren am Sonntag nach / in die ....
8. Antonia und Vanessa fliegen am Wochenende nach / in die ....
9. Carlos und Clara fahren mit dem Zug nach / in die ....

Adjektiv: *nächst-*

Sag mal, Kati, du fliegst doch nächsten Monat in die USA, oder?

Nein, Oma, nicht nächsten Monat, ich fliege nächstes Jahr im Februar!!!

Ich komme	nächsten Montag/Januar.	nächstes Jahr/Wochenende.	nächste Woche.

Wann kommst du?

Nächsten Samstag.

4 Ergänze die richtige Form von *nächst-*.

▲ Liebe Frau Huber, das war so schön! Wann gehen wir mal wieder zusammen ins Konzert?

● Hm, ich weiß nicht, vielleicht nächstes (0) Jahr.

▲ Oh! Kann ich Sie nicht vielleicht schon .... (1) Monat wiedersehen?

● Hm.

▲ Wann haben Sie denn mal Zeit?

● Das weiß ich noch nicht. .... (2) Freitag kommt meine Freundin.

▲ Oh, prima! Dann können wir doch vielleicht .... (3) Wochenende zusammen ins Kino gehen!

● Nein, tut mir leid. Sie hören doch, meine Freundin kommt.

▲ Vielleicht .... (4) Woche?

● Hm, ich weiß nicht.

▲ Rufen Sie mich .... (5) Montag an?

● Nein! Bitte verstehen Sie doch. Ich habe keine Zeit!!!

5 Und du? Du hast viel Geld und viel Zeit. Wann möchtest du wohin fahren/fliegen? Schreib einen Text.

Nächste Woche möchte ich gern ....

....

Monat ....

....

Jahr ....

....

....

Possessivartikel: *Ihr/Ihre* im Nominativ

Nominativ		*auch so:*
Ist das Ihr Zug?	Ist das Ihre Zeitung?	mein, dein,
Ist das Ihr Buch?	Sind das Ihre Fahrkarten?	sein, ihr

6 Schreib Fragen mit *Wie ist ...?* oder *Was ist ...?*

	„Sie"	„du"
1. Name:	*Wie ist Ihr Name?*	*Wie*
2. Telefonnummer:	*Wie*	
3. Lieblingsland:	*Was*	

7 *dein/deine* oder *Ihr/Ihre*? Ergänze.

Schuhe ✕ Straßenbahn ✕ Kugelschreiber ✕ ~~Bücher~~ ✕ Comic ✕ Zeitungen ✕ Fahrrad

0. ● Herr Martens, schauen Sie mal, hier sind *Ihre Bücher*.
   ■ Oh! Vielen Dank, das ist sehr nett!

1. ▲ Hallo Simona! Ist das hier ....?
   ● Ja, warum?

2. ● Entschuldigung, Frau Sander, sind das ....
   und ....?
   ▲ Oh ja, vielen Dank!

3. ◆ Ist das ...., Nicole?
   ● Nein, leider nicht.

4. ● Wo sind ...., Benjamin?
   ▲ Schau mal, da sind sie.
5. ■ Und wann fährt ...., Herr Franke?
   ◆ Das weiß ich leider auch nicht.

Verb: *gefallen* + Dativ

Und? Wie sehe ich aus?

Hm … Der Hut gefällt mir echt gut. Aber zehn Euro finde ich ein bisschen teuer.

Wem gefällt das?

Das T-Shirt gefällt Die Schuhe gefallen	meinem Bruder.	meiner Mutter.	meinen Eltern.	mir.	dir.

Syntax: Subjekt und Verb im Aussagesatz

Position 1	*Position 2*	
Das T-Shirt	gefällt	mir.
Mir	gefällt	das T-Shirt.

8 Lies die Sätze und schreib sie in das Schema.

0. Die Hosen gefallen mir echt gut.

2. Wie gefällt dir die Jacke?

1. Mir gefallen die Hosen nicht.

3. Gefällt dir das Hemd?

		Position 1	*Position 2*		
Aussagesatz	0.	Die Hosen	gefallen	mir	echt gut.
	1.				
W-Frage	2.				
Ja/Nein-Frage	3.				

9 Wo steht das Verb? Verbinde.

0. Wie … dir … die Fotos?
1. Meiner Mutter … das Auto … .
2. … dir … die Jacke?
3. Der Bikini … meiner Freundin … .
4. Die T-Shirts … dir … .

gefallen
gefällt
gefällt
gefällt
gefallen

10 Auf dem Flohmarkt: Wem gefällt was? Schau die Tabelle an und ergänze die Sätze.

	T-Shirt	Schuhe	Jacke
0. ich	☺	☺	☹
1. Schwester	☹	☹	☹
2. Bruder	☺	☺	☺
3. Eltern	☺	☹	☺
4. du	?	?	?

0. Das T-Shirt und die Schuhe gefallen *mir*.
1. *Meiner* .... gefällt nichts.
2. .... gefällt alles.
3. .... gefallen das T-Shirt und die Jacke.
4. ....

11 Und du? Was gefällt dir? Was gefällt dir nicht? Schreib Sätze.

....
....
....
....
....
....

Präposition: *für* + Akkusativ

Für wen?
Das Geschenk ist …
für deinen Bruder.
für deine Schwester.
für deine Freunde.
für dich.
für Laura.

12 Ergänze die Sätze.

- Für wen ist der Kuchen?
- Er ist …

0. für meinen Lehrer
1. für mein .... Klasse.
2. für mein .... Tante.
3. für mein .... Opa.
4. für .... *(ich)*.
5. für mein .... Freundinnen
6. für mein .... Vater.
7. für .... *(du)*.
8. für mein .... Familie.
9. für mein .... Großeltern.

13 Für wen ist das? Ergänze *für* und das passende Personalpronomen.

0. Wo ist Henry? Ich habe ein Geschenk für ihn.
1. Hey, Hanna und Nico, wo seid ihr? Das Eis ist ....
2. Sind Sie Frau Bayerle? Der Block ist ....
3. Wo ist Laura? Ich habe ein Buch ....
4. Hallo Kilian! Schau mal, die Uhr ist ....
5. Heute fahren wir zu Oma. Die Fahrkarten sind ....
6. Ich habe heute Geburtstag. Der Kuchen ist ....
7. Milena und Pierre besuchen uns morgen.
   Wir machen eine Party ....
8. Kennst du meinen Freund Pedro? Die Fotos sind ....

dich ✕ euch ✕ ~~ihn~~ ✕ mich ✕ sie ✕ sie ✕ Sie ✕ uns

14 Und du? Für wen sind die Geschenke? Schreib Sätze.

es *gibt* + Akkusativ

Es gibt	einen Flohmarkt.

Indefinitipronomen: *man*

er/es/sie/man	kann/spricht

man ≠ der Mann (!)

15 Was macht man im Park? Schreib Sätze.

lesen • Freunde treffen • Fahrrad fahren • Musik hören • Gitarre spielen • laufen • schlafen • …

Man liest. Man kann …

16 Kati besucht ihre Oma. Was gibt es da und was kann man da machen? Verbinde und schreib Sätze.

0. Bibliothek 1. Sportplatz 2. Eiscafé 3. Supermarkt 4. Kino

trainieren einkaufen Eis essen Filme schauen lesen

0. *Es gibt eine Bibliothek. Da kann man lesen.*
1.
2.
3.
4.

17 Und du? Was gibt es in deiner Stadt und was kann man da machen? Schreib einen Text.

....

....

....

Präpositionen: *in*, *an*, *auf* + Dativ

Sind Felix und Robin heute Nachmittag auch im Park?

Nein, leider nicht. Felix ist am Bahnhof. Seine Cousine aus Kiel kommt heute.

Und Robin fährt Skateboard auf dem Rathausplatz.

Wo? in, an, auf + *Dativ*	
in	im Park, im Kino, in der ...straße
an	am Kiosk, am Bahnhof
auf	auf dem ...platz, auf dem Flohmarkt

Kati ist ...
im Park. / am Kiosk. auf dem Flohmarkt.
im Kino. am Schwimmbad.
in der Schule. an der Bus-Haltestelle.

in dem = im
an dem = am

!

18 Welche Präposition ist richtig? Unterstreiche.

Tim, es ist schon spät. Wo bist du?

Ich bin im / <u>auf dem</u> Goetheplatz (0).

Ich bin an der / auf der (1) U-Bahn-Haltestelle.

Ich bin im / auf dem (2) Schwimmbad.

Ich bin am / auf dem (3) Kiosk.

Ich bin auf dem / im (4) Sportplatz.

19 **Schau die Bilder an. Wo sind die Personen? Antworte.**

0. ▲ Wo sind Maja und Fabian? ● *Auf dem Flohmarkt.*
1. ▲ Wo ist Herr Meinert? ● ……………………
2. ▲ Wo sind Reza und Sylvia? ● ……………………
3. ▲ Wo sind Pedro und Mirko? ● ……………………
4. ▲ Wo ist Herr Lachmann? ● ……………………
5. ▲ Wo ist Nicki? ● ……………………
6. ▲ Wo ist Nico? ● ……………………
7. ▲ Wo ist Eleni? ● ……………………
8. ▲ Wo sind Elsa und Amina? ● ……………………
9. ▲ Wo sind Nina und Lina? ● ……………………
10. ▲ Wo sind Herr und Frau Mölk? ● ……………………
11. ▲ Und du? Wo bist du heute? ● ……………………

……………………

Verben: Perfekt mit *haben*

Hey, das Konzert von den Tornados war megacool! Die Band hat gleich am Anfang meinen Lieblingssong gespielt und die Leute haben wie verrückt getanzt. Jana hat die ganze Zeit fotografiert. Und Marcel und ich haben zwei Mädchen aus Berlin kennengelernt: Amelie und Pauline, echt nett!

	Hilfsverb haben		*Partizip Perfekt*
Kati	hat	einen Hut	gekauft.
Die Musiker	haben	Saxofon	gespielt.

kaufen → kauf → gekauft

spielen → spiel → gespielt

kosten → gekostet

!

Partizip Perfekt mit -*(e)t*

	Infinitiv	*Partizip Perfekt*
regelmäßige Verben	spielen	gespielt
Verben mit er-, be-, ver-	erzählen	erzählt
	besuchen	besucht
	verkaufen	verkauft
Verben auf -ieren	telefonieren	telefoniert
trennbare Verben	ein|kaufen	eingekauft
	kennen|lernen	kennengelernt

erzählen → erzählt

telefonieren → telefoniert

auf\|räumen → aufgeräumt

Syntax: Sätze mit Perfekt

	Position 1	*Position 2*			*Ende*
W-Frage	Was	hat	Kati	auf dem Flohmarkt	gekauft?
Aussagesatz	Sie	hat	einen Hut		gekauft.
Ja/Nein-Frage	Hat	sie	auch Ohrringe		gekauft?

20a **Finde noch sieben Verben.**

K	W	L	S	I	S	P	I	E	L	E	N	M
E	A	L	M	A	C	H	E	N	S	Ä	R	A
Q	K	E	C	U	H	I	M	A	N	E	H	I
G	N	R	A	L	A	C	H	E	N	V	Ö	R
K	S	N	K	A	U	F	E	N	P	R	R	O
O	D	E	D	G	E	M	O	S	B	Z	E	Y
T	A	N	Z	E	N	P	A	Ü	N	M	N	E

lernen, ...

....

b **Was hat Leo am Samstag gemacht? Ergänze das Partizip Perfekt der Verben aus 20a.**

Am Samstag hat Leo Mathe g e l e r n t (0) und Fußball .... (1). Sein Bruder hat Limo und Chips .... (2) und sie haben zusammen

einen Film .... (3). Am Abend haben die Brüder mit Pia und Julia zusammen Musik .... (4) und .... (5). Sie haben viel .... (6). Das hat echt Spaß .... (7)!

21 **Finde noch elf Partizipien und ergänze die Tabelle. Notiere auch den Infinitiv.**

VERGETANZTSVBWPOTELEFONIERTZUGEBASTELTWERGEKOSTETOADAUFGERÄUMT

ACVBNEINGEKAUFTÖLKSWETZUTRAINIERTÜPOIBEZAHLTPOKENNENGELERNTWRTZ

BESUCHTAPOGESJGESPIELTGMITGEMACHTZW

Partizip Perfekt		
ge___(e)t	___(e)t	___ge___t
getanzt (tanzen)		

22 Lies die Sätze und schreib sie in das Schema.

	Position 1	*Position 2*			*Ende*
Aussagesatz	Anton	hat			
	Natürlich				
Ja/Nein-Frage					
W-Frage					

23 Wo steht die Form von *haben*? Verbinde.

0. Am Wochenende ___ wir ___ einen Tanzkurs gemacht.
1. Wie viel ___ der Kurs ___ gekostet?
2. ___ du ___ auch Swing gelernt?
3. Wir ___ gestern ___ drei Stunden lang Rock'n'Roll geübt.
4. Dann ___ meine Freundin ___ mich abgeholt.
5. Ich ___ die Tanzschuhe ___ im Kaufhaus gekauft.
6. Wann ___ du ___ mich gestern angerufen?

haben – hat – hast – haben – hat – habe – hast

24 Schreib die Fragen im Perfekt.

0. ● *Habt ihr die Hausaufgaben gemacht?*
■ Wir wollen die Hausaufgaben nicht machen!

1. ■ ....
● Wir wollen nicht lernen!

2. ■ ....
● Wir wollen nicht aufräumen!

3. ■ ....
● Wir wollen Oma nicht anrufen!

4. ■ ....
● Wir wollen Onkel Walter nicht besuchen!

5. ■ ....
● Wir wollen nicht „danke“ sagen!

25 So viele Fragen! Ergänze die Verben im Perfekt.

kosten × bezahlen × besuchen × telefonieren × tanzen × mitmachen × ~~spielen~~ × sagen

Hey Laura, was *habt* ihr gestern *gespielt*? Volleyball? (0)

Nein, Basketball.

Anna sagt, du .... am Samstag Salsa .... Stimmt das? (1)

Yes! ☺

Super! .... Nico auch ....? (2)

Nein. Nico kann nicht tanzen. (Das .... er selbst ....!) (3)

War das nicht teuer? Wer .... denn den Tanzkurs ....? (4)

Meine Eltern! Der Kurs .... nur 30 Euro .... (5)

Gestern .... Mama und ich Oma Leni .... (6) Das war voll nett!

Toll! Ich möchte Oma Leni auch mal wiedersehen. Wir .... am Freitag .... (7) Sie ist so lustig! Ich mag sie echt sehr. ☺

26 **Paul schreibt über seine Geburtstagsparty. Lies die Notizen und schreib seine E-Mail weiter. Schreib im Perfekt oder im Präteritum, wo nötig.**

- ~~am Samstag ich: Party machen~~
- deshalb Mama und ich: einkaufen
- meine Freunde und ich: Spaghetti Bolognese kochen
- wir: viel Musik hören und tanzen
- Jannis: Gitarre spielen → toll!
- Bills Cousine Louise aus Frankreich kennenlernen → sehr nett!
- Lena und Luka: die ganze Zeit fotografieren (Foto!)
- wir: viel Spaß, viel lachen
- am nächsten Morgen ich: Zimmer aufräumen

Liebe Oma!

Wie geht es dir? Vielen Dank für den Kuchen und das Geschenk! Es gefällt mir wirklich gut. Mein Geburtstag war echt toll! Am Samstag habe ich eine Party gemacht.

Liebe Grüße
dein Paul

27 **Und du? Was hast du am Wochenende gemacht? Schreib eine Nachricht an einen Freund / eine Freundin.**

Hi ______ !

Präpositionen: *vor, nach* + Dativ

Spielt ihr heute nach der Schule wieder Basketball?

Ja, ich treffe Jonathan und Lars um Viertel vor zwei.

Paul, kannst du bitte vor dem Abendessen mit mir Mathe lernen?

Wann? vor/nach + *Dativ*	
vor nach	dem Sport dem Essen der Schule den Hausaufgaben

vor/nach + *Viertel/Minuten: Uhrzeit*
Es ist Viertel vor neun. Es ist zwanzig nach zehn.

Wie viel Uhr ist es?

Viertel nach drei.

1 **Lies die Uhrzeiten und den Text. Was macht Simon wann? Unterstreiche.**

6:30	Frühstück
8:00–12:45	Schule
13:15	Mittagessen
14:00	einkaufen
15:30	Hausaufgaben
17:00	Picknick
20:00	Film mit Oma und Opa

„Simon, es ist schon spät Du musst vor / nach (0) der Schule noch frühstücken! Vor / Nach (1) dem Frühstück kommt Carlo und holt dich ab und ihr geht zusammen zur Schule. Vor / Nach (2) der Schule kommst du bitte schnell nach Hause zum Mittagessen. Vor / Nach (3) den Hausaufgaben müssen wir noch für das Picknick mit Tante Anneliese einkaufen. Und vor / nach (4) dem Picknick kommen Oma und Opa. Ihr wollt doch zusammen einen Film schauen. Vor / Nach (5) dem Film gehst du dann bitte schnell ins Bett. In Ordnung? Dann bist du morgen nicht wieder so müde."

2 Wie spät ist es? Ordne zu.

(0) ~~Es ist zwanzig vor neun.~~ ✖ (1) Es ist Viertel vor acht. ✖ (2) Es ist zehn nach sechs. ✖ (3) Es ist Viertel vor eins. ✖ (4) Es ist fünf vor drei. (5) Es ist zehn vor zwei. ✖ (6) Es ist Viertel nach eins. ✖ (7) Es ist zehn nach sieben. ✖ (8) Es ist fünf nach vier. ✖ (9) Es ist zwanzig nach elf.

.....	07:10	.....	23:20	.....	04:05	.....	18:10	.....	13:15
.....	19:45	0	20:40	.....	14:55	.....	01:50	.....	00:45

3 Schreib die Antworten.

0. ● Wann kommt dein Freund?
   ■ Nach dem Spanischkurs, um zwanzig nach eins.
   (nach – Spanischkurs – 13:20)
1. ● Wann fährst du zu Simona?
   ■ ....
   (vor – Training – 14:45)
2. ● Wann triffst du deine Freunde?
   ■ ....
   (vor – Party – 19:50)
3. ● Wann machen wir Hausaufgaben?
   ■ ....
   (vor – Film – 15:15)
4. ● Wann zeigst du mir die Fotos?
   ■ ....
   (nach – Ferien – 19:15)

4 Und du? Schreib Antworten.

▲ Wann stehst du am Wochenende auf?
◆ ....

▲ Wann frühstückst du?
◆ ....

▲ Wann machst du was?
◆ Vor ....
Ich .... nach ....

Präposition: *in* + Dativ/Akkusativ

Wo? in + *Dativ*	Wohin? in + *Akkusativ*
im Garten	in den Garten
im Zimmer	ins Zimmer
in der Küche	in die Küche

5 Was ist richtig? Unterstreiche.

0. ▲ Wo übt Sabrina Gitarre? ● Meistens <u>im</u> / ins Wohnzimmer.
1. ▲ Wo feierst du deinen Geburtstag? ● Im / In den Park. Da kann man gut feiern.
2. ▲ Wohin fährt Mama das Auto? ● In die / In der Garage natürlich.
3. ▲ Wohin geht ihr jetzt? ● Ins / Im Kino, wir schauen einen Film.
4. ▲ Wo ist Papa? ● In die / In der Küche. Er kocht Spaghetti.
5. ▲ Wohin bringst du meine Schuhe? ● In den / Im Flur.

6 Lies die Fragen und ergänze die Antworten.

Wohin gehen die Personen?		Wo sind sie jetzt?	
0. *In den Garten.*			1. …………
2. …………			3. …………
4. …………			5. …………

7 Und du? Was machst du am Morgen? Wohin gehst du? Schreib einen Text.

Ich gehe zuerst ins Bad. Im Bad ...
Dann ...

Artikel: *jed-*

jeden Tag/ Monat/Sommer	jedes Jahr/ Wochenende	jede Woche/ Stunde/Minute

8 Ergänze die Endung.

Das ist Mariella.

0. Jed*en* Tag hört sie Musik.
1. Jed...... Sonntag spielt sie am Computer.
2. Jed...... Jahr besucht sie ihre Großeltern in Spanien.
3. Jed...... Sommer fährt sie mit ihren Eltern ans Meer.
4. Jed...... Monat geht sie zum Basketball.
5. Jed...... Woche geht sie mit Freunden ins Kino.
6. Jed...... Wochenende spielt sie Volleyball.

9 Und du? Was machst du wann und wie oft? Schreib vier Sätze.

Stunde × Morgen × Abend × Tag × Nacht × Woche × Wochenende × Monat × Jahr

Jed...

Verben: Partizip Perfekt mit *-en* bei unregelmäßigen Verben

Hi Mama!
Schau mal, das sind Ronny, Maja und Jasmin aus der Klasse 7b. Wir haben total viel Spaß hier in Tirol, es ist echt cool! Gestern Morgen sind wir fünf Stunden gelaufen.
Am Nachmittag sind wir im See geschwommen. Superschön! Nur leider hat Maria einen Ohrring im Wasser verloren. ☹
Herr Drewes, unser Englischlehrer, hat uns dann eingeladen. Wir haben alle zusammen Pizza gegessen. Er ist wirklich nett!
Am Abend hat Mirko Gitarre gespielt und gesungen. Richtig gut! Wie geht's euch?
Liebe Grüße an Papa, Sven und Oma!
Bis bald! ☺

	Infinitiv	*Partizip Perfekt*
	fahren	gefahren
	finden	gefunden
Verben mit er-, be-, ver-	bekommen	bekommen
	verlieren	verloren
trennbare Verben	an|fangen	angefangen
	ein|laden	eingeladen

finden → gefunden
sprechen → gesprochen
schreiben → geschrieben

10a **Was passt zusammen? Verbinde.**

0. fahren
2. schreiben
4. verlieren
6. anfangen
1. singen
3. zurückgehen
5. finden
7. schwimmen

er hat gefunden | er ist gefahren | sie hat geschrieben | er hat gesungen
sie ist geschwommen | sie ist zurückgegangen | er hat verloren | sie hat angefangen

b **Ergänze die Tabelle mit den Verben aus 10a.**

Infinitiv	*Partizip Perfekt*	*Infinitiv*	*Partizip Perfekt*
0. *fahren*	*gefahren*	4.	....
1.	....	5.	....
2.	....	6.	....
3.	....	7.	....

11 Unterstreiche das Verb und ergänze das Partizip Perfekt.

0. Ich möchte gern nach Berlin fahren. Seid ihr schon mal nach Berlin gefahren?
1. Ich möchte gern Pizza essen. Hast du schon etwas ……………………?
2. Ich trinke so gern Apfelsaft. Habt ihr schon etwas ……………………?
3. Ich glaube, Moni spricht nicht mehr mit mir. Hat sie heute schon mit dir ……………………?
4. Ich möchte gern Oma einladen. Hast du Oma und Opa schon ……………………, Mama?
5. Till will heute ins Kino gehen. Ihr seid gestern schon ins Metropol ……………………, oder?
6. Ich singe sehr gern. Habt ihr in der Schule auch so viel ……………………?

12 Finde die Verben und ergänze die Sätze mit dem Partizip Perfekt.

ANRUFENVERGESSENSPRECHENEINLADENMITKOMMENFAHRENBEKOMMENFINDENESSEN

„Sorry, Lina, ich habe dich so lange nicht angerufen (0), tut mir echt leid! Aber ich habe dich natürlich nicht …………………… (1)! Hast du schon mit Vroni …………………… (2)? Ich bin in Berlin!!! Meine Tante hat uns …………………… …………………… ! (3) Mein Bruder ist auch …………………… . (4) Wir sind am Freitag mit dem Zug …………………… (5). Die Fahrkarten haben wir von meiner Oma …………………… (6). Die Stadt ist sooooo toll, Lina! Heute haben wir einen guten Kiosk …………………… (7) und Currywurst …………………… (8) Lecker! Morgen kommen wir zurück. Dann erzähle ich dir alles!“

Verben: Perfekt mit *haben* oder *sein*

	Hilfsverb sein		*Partizip Perfekt*
Ich	bin	nach England	gefahren.
Wir	sind	viel	gewandert.

→ *Perfekt mit sein*

→ *Perfekt mit haben*

13 Welche Antwort passt? Verbinde und unterstreiche die Perfektform.

0. ▲ Möchtest du heute nicht wandern? — e
1. ▲ Singt ihr nicht?
2. ▲ Kannst du das Buch nicht finden?
3. ▲ Geht ihr nicht spazieren?
4. ▲ Kann Tim den PC nicht reparieren?
5. ▲ Isst du die Pizza nicht?
6. ▲ Fahrt ihr nicht ans Meer?

a ● Doch, er hat den PC schon repariert.
b ● Doch, wir sind schon spazieren gegangen.
c ● Doch, wir sind gestern ans Meer gefahren.
d ● Doch, ich habe die Pizza schon gegessen.
e ● Doch, ich bin heute schon gewandert!
f ● Doch, ich habe es schon gefunden.
g ● Doch, wir haben schon gesungen.

14 Was ist richtig? Unterstreiche die richtige Form.

Hey Leute! Wart ihr letzten Samstag auch im Stadtpark? Community

1. Na klar! Habt / Seid ihr auch so viel auf dem Flohmarkt verkauft? 59,- Euro!!! Das hat / ist echt Spaß gemacht! Und Glück hatte ich auch: Ich habe / bin am See 10 Euro gefunden!
2. Wir haben / sind zu dem Open Air-Konzert im Stadtpark gegangen. Das war cool! Die Sängerin von den Peaches hat / ist echt toll gesungen.
3. Pech! Ich war nicht da, ich habe / bin am Wochenende zu meiner Oma gefahren.
4. Ich war mit Piet und Lena da. Piet hat / ist Gitarre gespielt und wir haben / sind Würstchen gegessen.
5. Klar! Wir haben / sind ein paar Freunde eingeladen und haben / sind zusammen Eis essen gegangen.

15 Perfekt mit *haben* oder *sein*? Ergänze die Verben in der richtigen Form.

essen × schwimmen × fahren × besuchen × vergessen × warten × ~~machen~~ × gehen × lachen

- ■ Hey Charlotte! Alles klar? Was hast du am Wochenende gemacht (0)?
- ● Hi! Wir .... am Samstag an den Bodensee .... (1) und .... meine Großeltern .... (2). Meine Mutter und ich .... im See .... (3), aber meine Schwester hatte Pech!
- ● Warum?
- ■ Sie .... ihren Bikini zu Hause .... (4).
- ● Oh wie doof! Und dann?
- ■ Dann .... sie in ein Café .... (5) und .... da .... (6). Später .... wir zusammen ein Eis .... (7) und viel .... (8).

16 Und du? Du zeigst deinen Freunden Fotos von den Sommerferien. Was erzählst du? Schreib Sätze im Perfekt.

Hier sind wir nach .... gefahren.

....

....

....

Verben im Perfekt: *sein, bleiben, passieren*

Und? Wie war's gestern? Wo seid ihr gewesen?

WAS ist passiert?

Wir sind bis halb zehn bei Nico im Garten geblieben. Und dann ist es passiert …

Nico hat sein Handy verloren.

Perfekt: sein, bleiben, passieren
Wir sind im Swimmingpool gewesen. Wir sind bis halb neun geblieben. Was ist passiert?

!
sein → er ist gewesen
bleiben → sie ist geblieben
passieren → es ist passiert

17 Perfekt mit *haben* oder *sein*? Kreuze an und ergänze die Sätze.

	haben	sein	
0. bekommen	⊗	○	Wann *hast* du die Einladung *bekommen*?
1. einladen	○	○	Und wer .... dich ....?
2. fahren	○	○	.... du wieder nach Berlin ....?
3. passieren	○	○	Wann und wo .... das ....?
4. sein	○	○	.... ihr schon mal in Wien ....?
5. anfangen	○	○	Wir .... gestern um 8 Uhr ....
6. essen	○	○	Was .... wir am Freitag ....?
7. erzählen	○	○	Ich .... Jule nichts ....
8. bleiben	○	○	Wir .... lieber zu Hause ....

18 Schreib die Fragen im Perfekt.

0. nicht mitkommen — warum — du — ?
   Warum bist du nicht mitgekommen?
1. in der Schule — passieren — was — ?
   ....
2. ihr — warum — bleiben — im Park — ?
   ....
3. sein — du — so lange — wo — ?
   ....
4. seinen Ball — Hektor — finden — ?
   ....
5. zu Fuß gehen — warum — ihr — ?
   ....

19 Und du? Du hast eine tolle Reise gemacht. Mach Notizen und schreib dann einen Text im Perfekt.

Wo warst du?
Was hast du da gemacht?
Was ist passiert?

Meine Reise nach ....

Letztes Jahr … ....

....

....

....

Präpositionen nach den Fragen *Wo?* und *Wohin?*

Hallo Lissy! Südfrankreich ist echt toll! Wir sind jeden Tag am Strand und fahren morgen nach Marseille und am Freitag auf eine Insel. Superschön ist es hier! Wo bist du? Was machst du?

Hey, Prinzessin! Rufst du auch mal an?! Ich? Ich bin zu Hause und schaue Comedy. In Frankreich war ich noch nie. Wir fahren nächste Woche nach Dänemark! Wie jeden Sommer. Ha ha!

Wo? → *Dativ*	Wohin? → *Akkusativ*
Ich bin …	Ich fahre …
am See / an einem See.	an den See / an einen See.
im Camp / in einem Camp.	ins Camp / in ein Camp.
auf der Insel /auf einer Insel.	auf die Insel / auf eine Insel.
in der Türkei	in die Türkei
in den USA	in die USA
in Ägypten	nach Ägypten
in Paris	nach Paris

Ich fahre nach Hause.
Ich bin zu Hause.

Auf die Frage WO? kannst du mit *an*, *auf* und *in* antworten – und mit *zu Hause*! ☺
Auf die Frage WOHIN? kannst du mit *an*, *auf*, *nach* und *in* antworten – und mit *nach Hause*!

20 **Was ist richtig? Ergänze *in*, *nach*, *zu*.**

0. Heute sind wir *in* Berlin und morgen fahren wir *nach* Hamburg.
1. Am Wochenende bleiben wir .... Hause, aber am Montag fliegen wir .... Wien.
2. Möchtest du auch so gern mal .... Griechenland fahren? Meine Großeltern haben ein Haus .... Athen.
3. Ich fliege morgen .... Barcelona und am Sonntag wieder .... Hause.
4. Frau Wagner bleibt in den Ferien meistens .... Hause. Warum fährt sie nicht mal .... Italien oder .... Spanien?

21 **Wo machen die Personen Ferien? Verbinde.**

an einem Fluss — im Wald — am Meer

zu Hause — in einer Stadt — auf einer Insel

22 **Deine Cousine besucht dich in den Ferien. Du gibst ihr Tipps. Ergänze.**

Küche × Kino × Park × ~~Bibliothek~~ × Garage × Garten × Schwimmbad

0. Du möchtest Zeitung lesen? Dann komm mit *in die Bibliothek*. *In der Bibliothek* gibt es Internet und Zeitungen.
1. Du möchtest einen Film schauen? Dann gehen wir .... gibt es gute Filme.
2. Du hast Hunger? Dann komm mit .... findest du Brot, Käse und Salat.
3. Du möchtest schwimmen? Dann geh .... kannst du trainieren.
4. Du möchtest Fahrrad fahren? Dann komm .... haben wir viele Fahrräder.
5. Du möchtest mit dem Hund spielen? Dann geh .... ist sein Ball.
6. Du möchtest ein Picknick machen? Dann gehen wir am Sonntag .... machen viele Familien Picknick.

23 Wer macht was? Schreib sechs Sätze in dein Heft.

???	ist schwimmt fliegt fährt geht spielt liest	manchmal gern immer am liebsten nie oft jetzt	am zu nach ans / an den in / im auf eine ans	Wald. Meer. Frankreich. Hause. Insel. London. See. Strand.

24 Und du? Schreib Antworten.

▲ Wo möchtest du gern mal Ferien machen? ● ……

▲ Wohin möchtest du gern mal fahren? ● ……

▲ Wohin möchtest du gern mal fliegen? ● ……

▲ Wo möchtest du später gern leben? ● ……

Präposition: *im*
(+ Monate/Jahreszeiten)

Echt?!? Ihr fliegt im Herbst nach New York? Das ist ja cool! Wann denn genau?

Im Oktober.

im + *Monate, Jahreszeiten*	
im August	im Sommer

25 Schau die Bilder an. Wann ist das? Ergänze Jahreszeiten oder Monate.

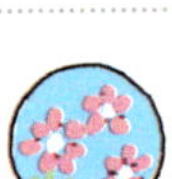	2.09.		14.07.		23.03.	
0. im Frühling	1. im Sep...	2. ……	3. ……	4. ……	5. ……	6. ……

26 Und du? Schreib Antworten.

▲ Wann schwimmst du gern im See? ● Im Sommer.

▲ In welchem Monat ist dein Geburtstag? ● ....

▲ In welchem Monat hat dein Freund / deine Freundin Geburtstag? ● ....

▲ Wann kann man in Österreich Ski fahren? ● ....

▲ Wann habt ihr Ferien? ● ....

▲ Wann fängt euer Schuljahr an? ● ....

Modalverb: *wollen*

Willst du wirklich nicht mit uns Fußball spielen?

Klar will ich, aber das geht heute leider nicht. Maresa wartet vor der Schule. Wir gehen zusammen ins Kino.

	wollen
ich	will (!)
du	willst
er/es/sie	will (!)
wir	wollen
ihr	wollt
sie/Sie	wollen

27 Ergänze: *i* oder *o*?

0. W o llt ihr auch in den Park gehen?
1. Sara nicht, sie w ... ll Volleyball spielen.
2. Sanne und Lukas w ... llen auch kommen.
3. Und was w ... llst du da machen?
4. Ich w ... ll zuerst Sport machen.
5. W ... llen wir zusammen tanzen?
6. Tim w ... ll lieber ins Kino gehen.
7. Wer w ... ll mitkommen?

28 Was passt zusammen? Verbinde.

Wer will was?

0. Wollen (0 → d)
1. Wollt
2. Willst
3. Will
4. Wollen

a) Lissy und Tino am See grillen oder lieber angeln?
b) dein Bruder auch ein Picknick machen?
c) ihr auch nach Griechenland fliegen?
d) wir nächstes Jahr zusammen nach Spanien fahren?
e) du auch mal in Ägypten auf einem Kamel reiten?

29 Und du? Ergänze die Sätze.

0. Ich will Fußball spielen, aber du kannst nicht, du musst lernen.
1. Du willst ...., aber ich ....
2. Er ...., aber sie ....
3. Ihr ...., aber wir ....
4. Wir ...., aber ihr ....

Hat denn niemand Zeit?

Frageartikel: *welch-*

Welche Lehrer findest du nett? Ich mag Frau Simmer. Das ist unsere Englisch-Lehrerin.

Ich weiß nicht, Herr Metzler ist ganz lustig, unser Mathelehrer. Welches Fach findest du gut?

	Nominativ	*Akkusativ*
Singular	Welcher Lehrer?	Welchen Lehrer?
	Welches Fach?	
	Welche Lehrerin?	
Plural	Welche Fächer?	

Welcher Lehrer ist cool?
Welchen Lehrer findest du lustig?

30 Was passt? Ordne die Wörter zu.

Freund × Lieder × Musik × Geschenk × Freunde × ~~Jungen~~ × Mädchen

0. ▲ Welchen *Jungen* hast du nicht eingeladen?
   ◆ David.
1. ▲ Welche .... waren bei deinem Geburtstag?
   ◆ Nick, Maja, Simon, Micky, …
2. ▲ Welches .... hat seinen Bikini vergessen?
   ◆ Lea.
3. ▲ Welcher .... hat einen Kuchen mitgebracht?
   ◆ Alexander.
4. ▲ Welche .... gefällt dir?
   ◆ Hip Hop.
5. ▲ Welches .... findest du richtig gut?
   ◆ Das Buch von Maja.
6. ▲ Welche .... habt ihr gespielt?
   ◆ Ach, ich weiß nicht, viele!

31 Ergänze.

0. Welch*es* Kleid findest du hübsch?
1. Welch........ Rock ist denn nicht so teuer?
2. Welch........ T-Shirt kaufst du?
3. Welch........ Bikini magst du?
4. Welch........ Hose passt zu meiner Jacke?
5. Welch........ Schuhe passen zu dem Kleid?
6. Welch........ Pullover findest du cool?

32 Und du? Schreib Antworten.

- Welche Musik hörst du gern? • ....
- Welchen Sänger oder welche Sängerin findest du gut? • ....

Ordinalzahlen (Datum)

Datum: am + *Ordinalzahl*
am zwölften Juni (1.–19.) am zwanzigsten August (20.–31.) (!) am ersten/dritten/siebten/achten

33 Was passt? Unterstreiche und verbinde.

0. Lena hat am siebten Mai Geburtstag.
1. Sabine kommt am fünfzehnten November nach Berlin.
2. Elly schreibt am dritten April eine Klassenarbeit.
3. Simon und Tim machen am zwanzigsten Juli eine Party.
4. Svenja hat am ersten Februar frei.
5. Wir fliegen am einunddreißigsten März nach Wien.
6. Frau Teller arbeitet auch am sechsten Dezember.
7. Schreibt ihr auch am achtzehnten Februar einen Test?

1.2. | 15.11. | 20.7. | 7.5. | 6.12. | 18.2. | 31.3. | 3.4.

34 Ergänze die Sätze.

0. ■ Am 7.3. schreiben wir einen Mathe-Test.
   ● Wann? ■ Am *siebten* März.
1. ■ Am 3.8. hat Susanna Geburtstag.
   ● Wann? ■ Am .... August.
2. ■ Am 20.11. kommt meine Cousine.
   ● Wann? ■ Am .... November.
3. ■ Am 16.4. machen wir einen Ausflug.
   ● Wann? ■ Am .... April.
4. ■ Am 12.2. fahren wir nach Lübeck.
   ● Wann? ■ Am .... Februar.

35 Und du? Schreib Antworten.

▲ Wann hast du Geburtstag? ◆ *Am* ....
▲ Wann hat dein/e Freund/in Geburtstag? ◆ ....
▲ Wann fangen die Ferien an? ◆ ....
▲ Wann fängt der nächste Monat an? ◆ ....
▲ Wann ist Weihnachten? ◆ ....

Präposition: *bei* + Dativ (Person)

Bei wem? bei + *Dativ* (*Person*)	
Bei mir.	Bei Lukas.

Wo ist die Party am Samstag? Bei dir?

Nein, nicht bei mir, bei meinem Freund!

Wir sind …				
bei meinem Freund.	bei meiner Freundin.	bei meinen Freunden.	bei Lukas.	bei mir.

36 Ergänze, wo nötig, die Wörter in der richtigen Form.

Du Tina, wo treffen wir uns morgen? Bei *mir* (0: ich) oder bei .... (1: du)?

Wir treffen uns um 19 Uhr bei .... (2: Sophie).

Ich fahre am Samstag zu .... (3: meine Großeltern). Kommst du mit?

Nein, tut mir leid. Da sind wir bei .... (4: meine Tante) Lissy.

Und am Sonntag? Wollen wir bei .... (5: Luigi) Pizza essen?

Gute Idee! Ich bin um 18 Uhr bei .... (6: du), okay?

Quellenverzeichnis

Cover: Martin Kreuzer, Bachern am Wörthsee
Seite 4: Ü! © Thinkstock/liquidlibrary
Seite 6: Ü4 © Thinkstock/iStock/Wavebreakmedia
Seite 7: Ü! © Thinkstock/iStock/gkrphoto
Seite 9: Ü11 © Thinkstock/Hemera/Noel Powell
Seite 11: Ü!: Freunde: Matthias Kraus; zu Fuß © Thinkstock/iStockphoto/Francisco Caravana
Seite 12: Ü15a: 0 © fotolia/Eric Gevaert; 1 © fotolia/Olga D. van de Veer; 2 © Thinkstock/Hemera; 3 © Thinkstock/iStockphoto; 4 © fotolia/Wolfgang Jargstorff; 5 © PantherMedia/Jacek Tarczyński; Ü16 © PantherMedia/Yuri Arcurs
Seite 13: Paar © Thinkstock/Stockbyte
Seite 15: Ü21: Mädchen © Thinkstock/Purestock
Seite 17: Ü27 © Thinkstock/Fuse
Seite 19: Ü! © Thinkstock/iStock/Jacek Chabraszewski
Seite 20: Ü! © iStock/wdstock
Seite 21: Ü!: Oma © Thinkstock/iStockphoto; Ü5 © Thinkstock/iStockphoto
Seite 22: Ü!: Tonstudio © Jaël Kahlenberg, Weßling
Seite 24: Ü10 © Thinkstock/Polka Dot/Polka Dot Images; Ü11 von links: © fotolia/Alx; © Thinkstock/iStock/Digital Paws Inc.; © Thinkstock/iStockphoto; © fotolia/matka_Wariatka; © Thinkstock/Hemera
Seite 26: Ü! © Thinkstock/iStock/monkeybusinessimages
Seite 27: Ü! © DIGITALstock/P. Theiß
Seite 29: Ü! © Thinkstock/Photodisc/Michael Blann
Seite 31: Ü22 © Getty Images/bowdenimages
Seite 33: Ü26 © Thinkstock/Stockbyte
Seite 34: Ü! © Thinkstock/iStock/shironosov
Seite 35: Ü3 © lev dolgachov - stock.adobe.com
Seite 36: Ü! © Thinkstock/iStock/David Pereiras Villagrá
Seite 37: Ü! Von links: © Thinkstock/iStock; © fotolia/kraska; Ü8 © Thinkstock/Fuse
Seite 38: Ü! © Getty Images/Hero Images
Seite 39: Ü12 © Thinkstock/Stockbyte/Brand X Pictures
Seite 40: Ü15: © iStock/mediaphotos; Ü16 © Thinkstock/iStock/Jacek Chabraszewski
Seite 41: Ü! © Thinkstock/iStock/JackF; Ü18 © fotolia/Drobot Dean
Seite 42: Ü!: Prinzessin © Thinkstock/iStock/rosipro; Lissy © Getty Images/iStock/beyhanyazar
Seite 44: Ü24 © Thinkstock/iStock/MareikePool; Ü! © Thinkstock/iStock/Feverpitched
Seite 45: Ü! © iStock/kali9
Seite 46: Ü! © Thinkstock/PHOTOS.com/Jupiterimages
Seite 47: Ü31 © iStock/ViewApart
Seite 48: Ü! © iStock/Aldo Murillo

Illustrationen: Monika Horstmann, Hamburg
Alle übrigen Fotos: Alexander Keller, München
Bildredaktion: Nina Metzger, Hueber Verlag, München

Notizen

Notizen